Projektkoordination:	Filiz Reintgen
Satz:	Burkhard Lieverkus, Remscheid | www.factory-media.net
Druck und Bindung:	ZIS Ludwigsburg GmbH, 71688 Freiberg a.N.
Verlag:	RSI.Bookshop GmbH Gustav-Stresemann-Str. 19, 51469 Bergisch Gladbach Tel: +49 (0)700 / 346 947 366 Fax: +49 (0)700 / 346 947 329 www.rsi-bookshop.de

Printed in Germany

ISBN 978-3-936135-37-4

Bodo Schäfer ist weltweit der erfolgreichste Sachbuchautor zum Thema Geld und Aufbau von Wohlstand. Seine Bücher sind allesamt Bestseller und wurden in über 30 Sprachen übersetzt. Sein Nr. 1-Bestseller „Der Weg zur finanziellen Freiheit“ wurde über 10 Millionen Mal verkauft.

Das Audio-Seminar „Die Kunst, Ihre Zeit zu führen“ hat Bodo Schäfer entwickelt, weil er anderen Menschen helfen möchte, wirklich frei zu sein. Wir gewinnen aber nicht die Freiheit unsere Träume zu leben, indem wir nur lernen, besser mit der Uhr umzugehen. Wir brauchen auch den Kompass. Ohne den Kompass sind wir oft nur Sklaven unserer Uhr. Nur durch den Kompass werden wir frei.

CD 1 **Uhr und Kompass**

Sie erfahren, warum Sie auch den Kompass brauchen, und buchstäblich mehr zu haben. Nur mit Uhr <u>und</u> Kompass nutzen Sie Ihren Tag effektiv. Sie gewinnen Jahre Ihres Lebens.

CD 2 **Die praktische Arbeit mit dem Chancen-Planer**

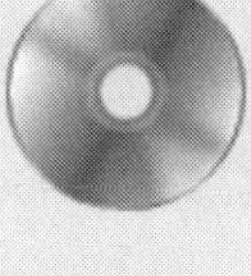

Mit diesem einzigartigen System stellen Sie sicher, dass Sie die Dinge tun, die Ihnen wirklich wichtig sind. Gleichzeitig gewinnen Sie ca. 2 Stunden pro Tag.

Die Kunst Ihre Zeit zu führen

RSI.BOOKSHOP

Lebenszeit

(ca. 73 Jahre)

schlafen	27	Jahre
arbeiten	10,5	Jahre
unterwegs	8,5	Jahre
TV	7,6	Jahre*
essen	5,5	Jahre
krank	2,8	Jahre
rauchen	2	Jahre
lesen	2,3	Jahre
Schule	2,6	Jahre
Körper	1,5	Jahre
nichts	1,5	Jahre
spielen	1	Jahre
einkaufen	0,8	Jahre
Sport	0,2	Jahre
Sex	0,2	Jahre

* USA: 19,5 Jahre(!)

Uhr oder Kompass

- Die alte Idee:
  Mehr Kontrolle bringt mehr Glück und Erfüllung.

- Bedeutungsvolles Leben:
  Mehr WAS und WARUM als „wie schnell“.

Ausdrücke: - *Hast du ein schönes Wochenende gehabt?*
- *Hast du Spaß gehabt?*

Der Unterschied zwischen Uhr und Kompass:

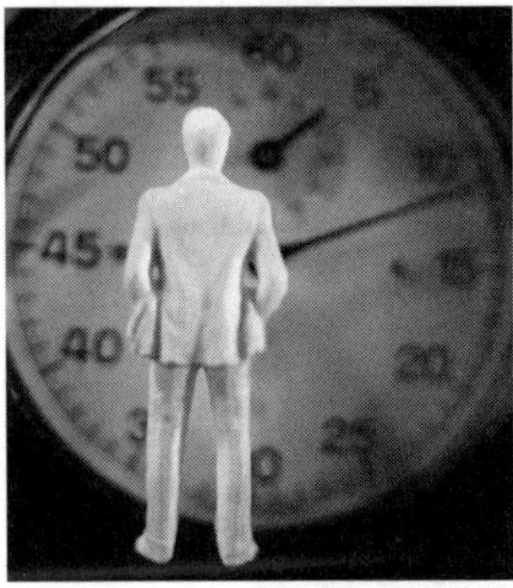

schneller
mehr
effizient
dringend
Zeitmanagement

Mission
Vision
DNA des Lebens
wichtig
effektiv
das Leben führen, designen

Problem bei einer Uhr-Orientierung:

- Wir fühlen uns gefangen, kontrolliert
- Wir antworten auf Krisen
- Wir fühlen uns schuldig
- Wir genießen nicht
- Wir fühlen uns leer

- **Dringlichkeit** reagiert auf die Impulse des jeweiligen Momentes, auf die Gefühle, auf unsere Launen, auf unsere limitierte Wahrnehmung von Möglichkeiten und auf die Prioritäten anderer Menschen.

welche Tätigkeit wollen wir umsetzen

Der Unterschied zwischen Effektivität und Effizienz

Der Unterschied zwischen wichtig und dringend

- Der Grad, zu dem Dringlichkeit unser Leben bestimmt, ist der Grad, zu dem Wichtigkeit in unserem Leben fehlt.

- Der Preis der Dringlichkeit ist der Verlust der Wichtigkeit durch das Auslassen von Gelegenheit.

Die allgemeinen Methoden des Zeitmanagements:

1. Stufe:
- Erinnerungshilfen
- Listen (alle nicht erledigten Punkte werden auf die Liste von morgen übertragen)

Nachteil: Es wird viel vergessen, Verpflichtungen werden nicht eingehalten.

2. Stufe:
- Planung mit Time-System, Kalendern, Filofax, Computerprogrammen ...
- Deadlines

Nachteil: Zeitplan wird verherrlicht.
Alles – auch Menschen – werden zu Störungen und Unterbrechungen.

3. Stufe:
- Planung, die Werte mit einbezieht
- Prioritäten setzen und kontrollieren

Nachteil: Gute Details, aber unter Umständen falsche Landkarte (die Leiter lehnt vielleicht an der falschen Mauer)

- **Alles Uhr-Instrumente: Wir müssen sie ergänzen um eine Orientierung und bewusste Ausrichtung.**

- Wir brauchen eine Erinnerungshilfe, um spielerisch lernen zu können. (Es geht nicht um Disziplin; es geht um die Gründe.)

Zeitmanagement:	Problem-orientiert Arbeitet im System
Führung der Zeit:	Chancen-orientiert Schafft das System und arbeitet am System.

„Die Probleme denen wir begegnen, können nicht auf der gleichen Denkebene gelöst werden, auf der sie entstanden sind."

Einstein

Wer seine Zeit führt, benutzt

1. Kompass
2. Uhr

Wenn wir über Zeitmanagement sprechen, scheint es lächerlich zu sein, wenn uns die Geschwindigkeit wichtiger ist, als die Richtung, und wenn wir darüber sprechen, Minuten zu sparen, während wir vielleicht ganze Jahre verschwenden.

Zusatz-Übung:

Schreiben Sie alles auf, was Sie letzte Woche getan haben:

Melisa gelernt gaz [illegible] gemacht
Gartenhütte gestrichen
Rosen [illegible], ge
düngt, Moosentferner,
Terrasse umgeräumt, Hütte
ausgeräumt, Katarina geholfen
50er abholen Auto zur Reparatur
Conny besucht Auto zurück
einkaufen Fenster geputzt
Haus putzen Blumen versorgt
Wäsche waschen Orchideen zum
bügeln anderen Fenster
Opa spazieren Bio-Blumen
gehen üben Kübel [illegible]
Sit ups D Bildbeschreib
turnen erklärt
[illegible] Betty aufgeladen
Buch gelesen Opa + mich
Betten überziehen geduscht

Leben - lieben - lernen - eine legende hinterlassen

Uhr und Kompass

	Dringend	*Nicht dringend*
wichtig	**A Fokus auf Uhr & Kompass** • Nachkauf im Crash • Krise • drückende Probleme • Projekte mit Abgabetermin	**B Fokus auf Kompass** • neue Gelegenheiten • Risikostreuung • Steuern • Investieren • Drei-Konten-Regel • die Werte definieren, Lebenssinn finden • Vorbereitung und Vorbeugung • Planung (gemäß unserem Kompass) • Sparen • Expertennetzwerk, Coach • Sich positionieren • Stärkung, k.l.u.w., Erholung • Lebenssinn Konstant lernen u. weiterbilden
Nicht wichtig	**C Fokus auf Uhr** • neue Kredite besorgen • jeden um Geld anhauen • bestimmte Briefe • Unterbrechung (Anrufe) • einige besondere Aktivitäten • "plötzliche" Rechnungen • 2. Ermahnung • Schätzungsandrohung	**D Kein Fokus auf Kompass/Uhr** • einige Ausgaben • die meisten Fernsehprogramme • bestimmte Post • wertlose Magazine • wertlose Bücher • Junkfood • einige Telefonanrufe • alle Zeitverschwender

Die Bedeutung der Quadrate

A Wir müssen hier Zeit investieren. Wenn wir das nicht tun, werden wir lebendig begraben. Einiges ist dringend geworden, weil wir Dinge vor uns hergeschoben haben.

Frage 1: Befinden Sie sich in „A“ aufgrund der Dringlichkeit oder aufgrund der Wichtigkeit?

Frage 2: Sind die Dinge überwiegend dringend geworden oder haben Sie sie dringend gemacht?

B Menschen, die ihr Leben designen wollen, halten sich überwiegend hier auf.
Wer „B“ ignoriert, stärkt „A”
Wer in „B“ investiert, verringert automatisch „A“.
Es wird über das Wichtige nachgedacht und nicht über das Notwendige.
Die 4 großen ***L****:* **L**eben, **L**ieben, **L**ernen, **L**egende hinterlassen.

C Ist das Phantom von „A“.
Sehr oft macht die Dringlichkeit so viel Lärm, dass die Illusion von Wichtigkeit geschaffen wird.
„C“ ist wie eine Droge (Schmerzmittel), eine Ablenkung von dem Wichtigen.
Die Zeit, die wir brauchen, um uns Quadrat „B“ zuzuwenden, finden wir hier.

D Zeitverschwendung. Hier sollten wir überhaupt nicht sein.

Übung

Von allen Dingen, die Sie letzte Woche getan haben,
welche waren wichtig und dringend?
Welchem Quadrat würden Sie sie zuordnen?

gazprom ☒A ☒B ❑C ❑D

Santander B

❑A ❑B ❑C ❑D

❑A ❑B ❑C ❑D

❑A ❑B ❑C ❑D

❑A ❑B ❑C ❑D

❑A ❑B ❑C ❑D

❑A ❑B ❑C ❑D

❑A ❑B ❑C ❑D

❑A ❑B ❑C ❑D

Nur noch sechs Monate...

Stellen Sie sich vor, nachdem Ihr Arzt Sie ausgiebig untersucht hat, rät er Ihnen, keine Langspielplatten mehr zu kaufen und regelmäßig Fango-Packungen aufzulegen, damit Sie sich schon an den Kontakt mit der Erde gewöhnen. Damit möchte er Ihnen schonend beibringen, dass Sie nur noch sechs Monate zu leben haben.

Was würden Sie ab heute auf jeden Fall tun, wenn Sie tatsächlich nur noch sechs Monate zu leben hätten?

das Leben mit Melina
ganz zu. An einen
wunderschönen Palmen-
strand fahren schnorcheln
lesen gut essen mit ihr
zeigen, wie lieb ich
sie habe.
Mich bei allen Freunden
bedanken und ver-
abschieden.

Der wöchentliche Chancen-Planer…

… kreiert den Kontext, und ermöglicht die Benutzung des Kompasses. *(Die tägliche Planung ermöglicht nur einen begrenzten Blick, wie Kino in der ersten Reihe. Zu Dringlichkeit-orientiert ☞ reine Uhr.)*

… ermutigt die Wichtigkeit und die Effektivität.

… erlaubt uns, über die wichtigen Dinge nachzudenken:

1. Identität
2. Lebenssinn
3. Werte/Rollen
4. Glaubenssätze/Leitsätze
5. Ziele
6. Planung aller fünf Lebensbereiche.

… ermöglicht es, Aktivitäten zu planen, die nicht in einen Tag passen.

… ermöglicht eine umfassende Orientierung und Erinnerung an den Jahresplan.

… ermöglicht umfassende Überprüfung und Auswertung der vorangegangenen Woche.

… ermöglicht wöchentliche Erholung:

- kitten und aufbauen von Beziehungen
- Re-Orientierung von Werten und Visionen
- Energie auftanken
- konstant lernen und wachsen
- anderen helfen
- kontrollieren/Statistiken

… ermöglicht freien Tag:
An einem Tag unserer Woche tun wir die Dinge, die wir normalerweise an anderen Tagen nicht tun können/wollen.

Die Erfolge, die wir in unserem Leben erzielen wollen, sind selten ein Produkt von Glück oder Zufall, sondern das Ergebnis von:

- Träumen
- Visualisieren
- Planung
- Vorbereitung
- Handlung
- Durchhalten
- Auswerten
- Re-orientierung
- ...

Nur wenn wir auf unsere Werte und auf den Kompass fokussiert sind, ist es uns möglich, in dem Moment der Entscheidung Integrität zu zeigen.

Zwischen dem Reiz und der Antwort auf den Reiz liegt ein freier Raum. In diesem Raum liegt die Macht, unsere Antwort zu wählen. In unserer Antwort liegen unser Wachstum und unsere Freiheit.

Bitte stellen Sie sich einige wichtige Fragen:

1. Warum sollten Sie Aktivitäten/Termine planen, die nicht in Übereinstimmung mit Ihrem Lebenssinn und Ihren Werten stehen?
2. Glauben Sie, dass Sie Ihre Zeit anders verbringen würden, wenn Sie eine klare Vision für Ihr Leben hätten/sich diese ständig vor Augen halten?
3. Können Sie erkennen, dass die fünf Bereiche Ihres Lebens zusammen ein großes Ganzes ergeben, um Ihnen ein Leben mit viel Qualität zu ermöglichen?
4. Wie können Sie sicherstellen, dass Sie nicht einen wichtigen Bereich Ihres Lebens vernachlässigen? Wie können Sie sich ständig an alle Bereiche erinnern?
5. Arbeiten die fünf Bereiche Ihres Lebens zusammen, um dazu beizutragen, dass Sie Ihre Aufgabe/Ihren Lebenssinn erfüllen können?

Es ist ein großer Unterschied,
ob Sie Ihre Aktivitäten nach Prioritäten ordnen
oder ob Sie Ihre Prioritäten in Ihren Zeitplan einfügen.

Die fünf Bereiche des Lebens

Die fünf Bereiche unseres Lebens sind Teil eines Ganzen und arbeiten auf ein Ziel hin.

Es geht nicht darum, so schnell wie möglich
von einer Basis zur nächsten zu laufen.

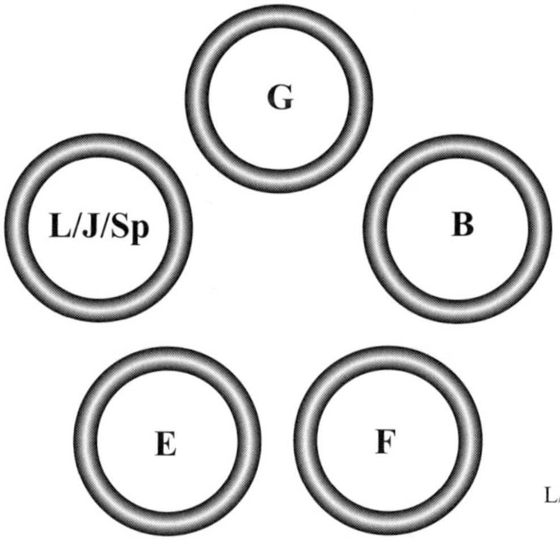

G = Gesundheit
B = Beziehungen
F = Finanzen
E = Emotionen
L/J/Sp = Lebenssinn / Job / Spirituelles

Gefahr:

- Wenn wir die Lebensbereiche als losgelöste Teile des Lebens sehen, entwickeln wir eine Mentalität des Mangels.
- Das wäre Gewinn /Verlust, d.h.:
  Der eine Bereich gewinnt und ein anderer verliert dafür.
- Wir würden mit uns selbst in Konkurrenz treten.

positives in einem Bereich wirkt sich auch pos. auf die anderen Bereiche aus.

Die einzelnen Lebensbereiche fließen ineinander und bilden ein untrennbares Ganzes.

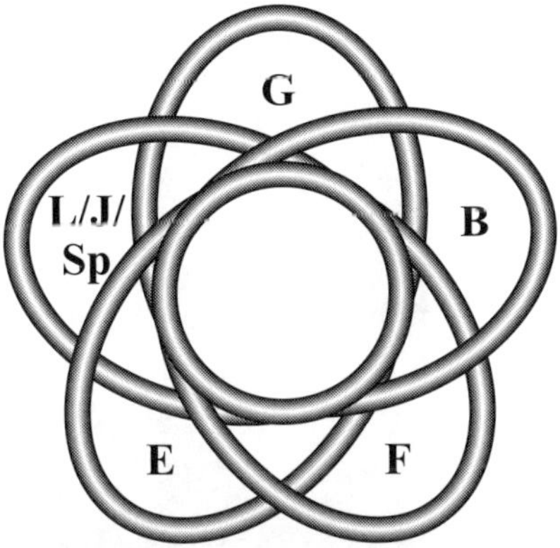

> *„Ein Mensch kann nicht in einem Bereich seines Lebens recht tun, während er damit beschäftigt ist, in einem anderen Lebensbereich unrecht zu tun.*
> *Das Leben ist ein untrennbares Ganzes."*
>
> ***(Gandhi)***

> *„Du denkst – nur weil du eins verstehst –*
> *musst du auch zwei verstehen,*
> *weil eins und eins zwei macht.*
> *Aber du musst auch UND verstehen"*
>
> ***(Sufi-Lehre)***

- Das Gewinn-Gewinn-Denken gründet auf einer tiefen Überzeugung des Überflusses. Es ist so, als wenn wir einige chemische Elemente zusammenbringen. Wenn wir eine kritische Menge zusammenmischen, erfahren wir eine heftige Reaktion.

Balance

Es gibt Zeiten in unserem Leben, in denen es bedeutend ist, nicht in Balance zu sein.

Beispiele: Mutter mit neugeborenem Baby,
Firmengründung.

Es gibt Abschnitte in unserem Leben, in denen eine intensive Investition an Zeit, Energie und Einsatz den ganzen Unterschied zwischen Erfolg und Versagen bedeuten.

Unsere Fähigkeit, diesen Einsatz zu bringen, unterscheidet zwischen Mittelmäßigkeit und Hervorragendem.

Wenn aber dann das Ziel erreicht ist, ist es gut, auch wieder an die anderen Bereiche des Lebens zu denken und zumindest für eine Zeit einen Gang zurückzunehmen.

Das große Problem ist nicht die Zeit, in der wir nicht in Balance sind, sondern, dass wir dann nicht in der Lage sind, einen Gang zurückzunehmen, nachdem diese Zeitabschnitte ihren Sinn erfüllt haben.

Wie Sie die Woche planen:

- Legen Sie die großen Steine zuerst hinein.
- Wenn Sie die Woche planen, sind die großen Steine Quadrat B-Aktivitäten, die Sie zuerst einplanen.
- Einige Aktivitäten können Sie nicht terminieren.
- Ist es wirklich wichtig?
- Lassen Sie immer Zeit für Flexibilität.
- Planen Sie, und terminieren Sie Pausen.
- Nehmen Sie sich Zeit für das Unerwartete. 50%

Es ist wichtig einzusehen,
dass es unmöglich ist,
unseren Lebenssinn
und unsere großen Ziele auf jeden
einzelnen Moment unseres Tages
zu übersetzen, ohne uns wöchentlich
diese Ziele vor Augen zu führen.
Wir schreiben sie in unser Herz,
in unseren Geist und auf Papier
und benutzen sie als die Basis
für unsere wöchentliche Planung.

Ziele

Ziele sind Diener und nicht Herren!

I. Schriftlich, positiv, präzise

II. Stellen Sie sicher, dass Sie Kontrolle darüber haben

III. *Formulieren Sie realistische Ein-Jahres-Ziele:*
Wir sollen unsere Ziele für das nächste Jahr nicht zu hoch setzen, sonst erreichen wir sie nicht und verlieren Selbstvertrauen. Viele flüchten sich dann in Zynismus.

1. Lösen Ihre Ziele Energie und Vorfreude aus?
2. Wie müssen und wollen Sie sie erreichen?
3. Wieso lohnt es sich?
4. Was würden Sie verpassen?
5. Was für eine Person müssten Sie sein?
6. Was stoppt Sie jetzt?
7. Der genaue Plan?

IV. Die Ziele sollten stets in Übereinstimmung mit dem Sinn Ihres Lebens, mit Ihrer Mission und Ihren Werten stehen. Erstellen Sie Ihre Agenda – leben Sie niemals nach der Agenda anderer. (Das Leben vieler Menschen ist nicht mehr als ein sozialer Spiegel.)
Je stärker die o.g. Übereinstimmung ist, desto stärker und nachhaltiger ist Ihre Motivation (und damit auch die „Disziplin“ in der Umsetzung).

Das Richtige tun.
Wegen der richtigen Gründe.
Auf die richtige Weise.

V. *Schaukelstuhl-Test:*
Sie sind 96 Jahre alt und haben die Erinnerung an diesen Tag und wie wichtig er für Ihr Leben gewesen ist.

VI. Genießen Sie schon jetzt, dass Sie ein erfülltes Leben gelebt haben werden.

So planen Sie den Tag:

1. Schauen Sie zurück auf den vorangegangenen Tag – schauen Sie auf den Kompass – überfliegen Sie Ihre Chancenseite.
2. Beantworten Sie die Fragen für den Tag oben auf Ihrer Planseite.
3. Notieren Sie die Aktivitäten.
4. Setzen Sie Prioritäten.
5. Setzen Sie nun die einzelnen Aufgaben in Ihren Tagesplan ein. (Die großen Steine – die B-Aktivitäten – zuerst, wenn Sie die Woche planen. Wenn Sie den Tag planen, setzen Sie die A-Aktivitäten zuerst in die noch freien Räume.)
6. Terminieren Sie den Anfang und das Ende Ihrer Termine.
7. Werten Sie aus.

Unterscheiden Sie Ihre Ziele:

A *Absolutes MUSS*

B *Geplantes Ziel,*
aber kein absolutes MUSS;
eher als Orientierung gedacht,
als Konzentration

C *Vielleicht;*
Sie wollen es nicht vergessen.

Vorteile der B und C Ziele:

1. Unsere Integrität ist nicht gefährdet.

2. Wir haben die Wahl.

3. Wir „behalten“ es für später, wenn/falls wir dafür bereit sind.

**Wichtiger noch,
als dass Ihre erreichten Ziele Ihr Leben bereichern,
ist, wie Sie durch die Tatsache,
dieses Ziel erreicht zu haben,
verändert werden.**

*Aufsteigende Spirale
von Mut und
Selbstvertrauen*

Auswertung/Reflektion der Woche

„Solange wir leben, müssen wir lernen zu leben."
(Seneca)

Checkliste:

✓ Welche Ziele habe ich erreicht?

✓ Welchen Herausforderungen bin ich begegnet?

✓ Wie habe ich diese Herausforderungen gemeistert?

✓ Statistiken: Habe ich die Ziele in meinen fünf Lebensbereichen erfüllt?

✓ Habe ich in den Momenten der Entscheidung meine Zeit besser genutzt, als ich es geplant hatte?

✓ Welche Ziele habe ich nicht erreicht – warum?

✓ Welche nicht erreichten Ziele sollte ich auf die nächste Woche übertragen?

✓ Habe ich agiert oder reagiert?

✓ Was habe ich gelernt?

✓ Wie war es mit meinem k.l.u.w. ?

✓ Was habe ich zum letzten Mal selber getan?

✓ Was habe ich von der letzten Woche als Ganzes gelernt?

✓ Bin ich meinem Lebenssinn gefolgt?

✓ Habe ich mich als Experte positioniert, bzw. habe ich an meiner Positionierungsstrategie gearbeitet?

Notieren Sie immer als erstes den Termin, an dem Sie die nächste Woche planen wollen.

Das Leben ist nicht eine automatische Reinkarnation einer Planungsseite. Das Unerwartete zu ignorieren, würde bedeuten:

Ein Leben ohne Gelegenheit, ohne Spontanität und ohne die reichen Momente, die unser Leben so wertvoll machen.

Unterbrechungen/ das Unerwartete

Läuft es immer, wie Sie planen?

Wenn nicht, fühlen Sie sich dann unter Umständen:

- ärgerlich
- schuldig
- kritisieren Sie sich selbst
- leidet Ihr Selbstwertgefühl darunter?

Fragen, die Sie sich in einem solchen Moment stellen könnten:

- ✓ Warum tue ich, was ich gerade tue?
  (Was sind die wirklichen Gründe für diese Aktivität?)
- ✓ Was ist die höchste und beste Möglichkeit, meine Fähigkeiten zu nutzen?
- ✓ Gibt es irgend etwas, was ich heute tun könnte, das mir größere Kraft und Macht in der Zukunft gibt?
- ✓ Manage ich Probleme oder arbeite ich an Lösungen?
- ✓ Ist es eine Quadrat A-, B-, oder C-Aktivität?
- ✓ Wird mich dieses meiner Mission näher bringen oder von ihr entfernen?
- ✓ Ist es in Übereinstimmung mit meinen Werten?
- ✓ Wie kann ich meine Effektivität steigern?
- ✓ Will ich um jeden Preis meine Erwartungen erfüllen oder will ich für die Realität offen sein?
- ✓ Ist eine Veränderung ein „Feind"?
- ✓ Antworte ich eher auf meine Uhr oder meinen Kompass?
- ✓ Befindet sich diese Aktivität in meinem Fokusbereich, in meinem persönlichen Universum, oder in meinem Kontrollbereich?
- ✓ Handelt es sich um eine Schnelllösung oder um eine Investition in die Zukunft?
- ✓ Wie kann ich meine Zeit am besten einsetzen?
- ✓ Was ist im Moment am Wichtigsten?
- ✓ Liegt es innerhalb meines Einflusses?
- ✓ Gibt es eine alternative Lösung?

1. Zeitverschwendung/Energieverschwendung (Dinge, die wir weder kontrollieren noch beeinflussen können).
2. Wir erreichen einiges Gutes; jedoch vielleicht auf Kosten von besseren Dingen – wo wir effektiver wären.
3. Wir maximieren unsere Zeit und Energie.

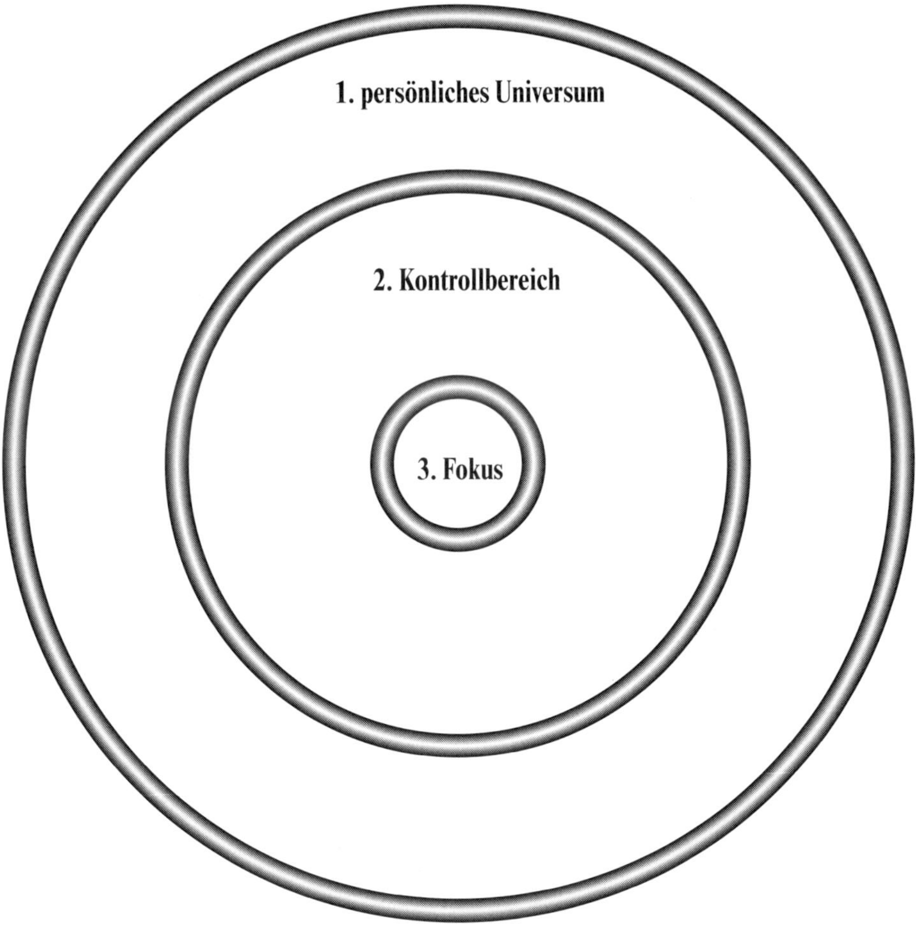

Äpfel

- Verdienen
- vergrößertes Bild, nahe herangeholt
- Dringlichkeit

Orangen

- das große Bild
- langfristige Bedeutung
- nächsten Schritte
- Weitwinkel (breiterer Blickwinkel)
- Vision und Richtung

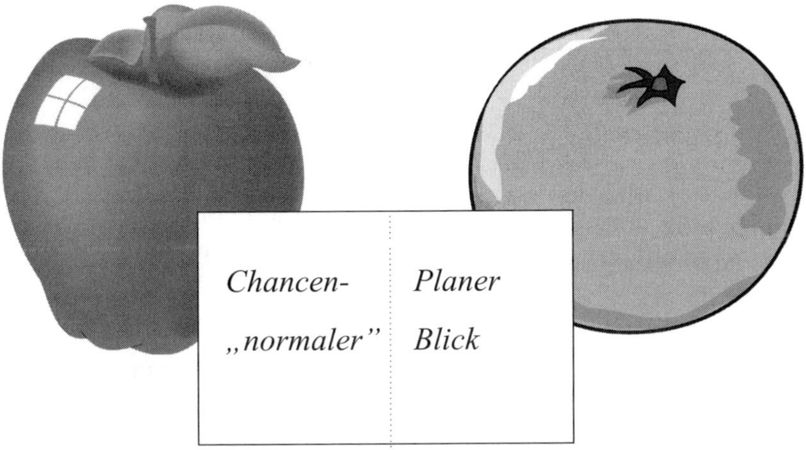

- Dringlichkeit mit langfristiger Wichtigkeit
- Aktivitäten und Termine mit Zielrichtung
- konkrete Schritte, um die Vision zu erfüllen

Literatur-Liste

Altmann, Hans Christian:
Sternstunden der Führung
Verlag moderne industrie

Chopra, Deepak
The seven spiritual laws of success
New world library

Csikszentmihalyi, Minaly
Dem Sinn des Lebens eine Zukunft geben
Klett-Cotta

Csikszentmihalyi, Minaly
Flow
Klett-Cotta

Davidson, Jeff
IDIOT´S managing your time
alpha books

Fisher, Mark
Das innere Geheimnis des Reichtums
Edition Tramontane

Friedrich, Kerstin / Seiwert, Lothar
Das 1x1 der Erfolgsstrategie
mvg-verlag

Hill, Napoleon
Denke nach und werde reich
Ariston

Jenner, Bruce / Seal, Mark
Finding the champion within
Simon & Schuster

Seiwert, Lothar
Wenn du es eilig hast, gehe langsam.
Das neue Zeitmanagement in einer beschleunigten Welt
Campus

Kenneth Blanchard, Spencer Johnson
Der Minuten Manager
Rowohlt

Kenneth Blanchard, Spencer Johnson
Eine Minute für mich
Rowohlt

Coelho, Paulo
Der Alchimist
Diogenes

Millmann, Dan
Der Pfad des friedvollen Kriegers
Droemer

Kenneth Blanchard
Der Minuten-Manager & der Klammeraffe
Rowohlt

Covey, Steven
First things first
Simon & Schuster

Ein Baum erzählt aus seinem Leben...

„Als ich noch ein kleiner Baum war, merkte ich keinen Unterschied. Als ich aber dann größer wurde und mich selber betrachten konnte, da fiel es mir auf: Ich war viel kleiner; krumm, knorrig und verwachsen. Alle anderen Bäume, die ich sehen konnte, waren im Vergleich zu mir viel größer und schöner. Die kräftige Eiche, die riesigen Buchen, die geraden schlanken Tannen ...

Ich sollte euch sagen, wo ich stehe: An einer Felswand auf einem kleinen Vorsprung, und meine Wurzeln haben sich in das kleine bisschen Erde gekrallt, das sich in Felsritzen festgesetzt hatte.

Ich habe nur einen Traum gehabt: Genauso groß und schön zu werden, dass auch meine Baumkrone elegant im Wind tanzen könne. Aber ich bin einfach nicht weiter gewachsen. Stets fegte ein eisiger Wind durch meine Äste. Und die Sonne bekam ich nur den halben Tag ab, denn ab mittags verschwand sie hinter dem Fels, um all die anderen Bäume auf dem Berghang zu bescheinen.

Warum gerade ich? Warum konnte ich nicht so sein wie die anderen? Aus dem Fels konnte ich nicht genug Kraft ziehen, um genau so schön und stattlich zu werden, wie die anderen Bäume. Ich haderte mit meinem Schicksal.

Als ich eines Morgens meine Augen öffnete und über das Tal schaute, den Frühling einatmete, und ich wohlig die ersten Sonnenstrahlen aufnahm, da durchrieselte es mich angenehm und warm. Was für eine herrliche Aussicht ich hatte. Kein anderer Baum im Tal konnte auch nur ein Zehntel so weit schauen wie ich. Die Felswand über mir beschützte mich vor Schnee und Eis.

Und seit diesem Tage dämmerte es mir langsam: So wie ich bin, bin ich etwas einzigartiges. Mein verwachsener, krummer Stamm, meine kurzen, aber kräftigen Äste, alles passt genau an den Platz, an dem ich stehe. Ich musste nur lernen, es zu erkennen.

Die anderen Bäume, die Eichen, Buchen und Tannen drüben im Tal, auch sie haben ihre Schönheit und ihren Stil am richtigen Platz. Aber ich habe auch meinen Platz, hier am Felsvorsprung. Und dieser Platz hat viele, viele Vorteile. Jetzt sehe ich es."

*„Vision ist die stärkste Motivation
jeder menschlichen Handlung."*

(Victor Fankl)

**Jeder hat seine eigene, besondere Mission
in seinem Leben zu erfüllen;
jeder muss eine bestimmte Aufgabe ausführen,
die Erfüllung verlangt.**

**Weder können wir darin ersetzt werden,
noch kann unser Leben wiederholt werden.**

**Darum ist es jedes Menschen Aufgabe,
genau so einzigartig zu sein, wie seine
spezielle Fähigkeit, sie auszuführen,
es ihm ermöglicht.**

Motivationsfragen am Morgen:

1. Worüber bin ich jetzt in meinem Leben am glücklichsten?

   ____

   Was macht mich daran so glücklich? ____________________

   Welches Gefühl entsteht dadurch in mir? ________________

2. Was begeistert mich zur Zeit in meinem Leben am meisten?

   ____

   Was genau löst die Begeisterung aus? __________________

   Welches Gefühl entsteht dadurch in mir? ________________

3. Worüber bin ich in meinem Leben zur Zeit am meisten stolz?

   ____

   Was daran lässt mich stolz sein? ______________________

   Welches Gefühl entsteht dadurch in mir? ________________

4. Worüber bin ich in meinem Leben jetzt am meisten dankbar?

   ____

   Was daran lässt mich so dankbar sein? _________________

   Welches Gefühl lässt das in mir entstehen? _____________

5. Was genieße ich in meinem Leben zur Zeit am meisten?

____

Was daran genieße ich so sehr? ____________________________

Welches Gefühl lässt das in mir entstehen? ___________________

6. Wozu habe ich mich in meinem Leben zur Zeit verpflichtet?

____

Was daran lässt mich verpflichtet sein? _____________________

Welches Gefühl lässt das in mir entstehen? ___________________

7. Wen liebe ich, wer liebt mich?

____

Was lässt die Liebe in mir entstehen? _______________________

Welches Gefühl lässt das in mir entstehen? ___________________

8. Inwieweit ist der heutige Tag für mich eine Chance?

____

Was lässt ihn eine Chance sein? ___________________________

Welches Gefühl entsteht dadurch in mir? _____________________

Ich – und nicht andere –
bestimme meinen heutigen Tag!

- Was hält Sie zurück?

____

____

- Welche „Drachen“ können Sie besiegen?

____

____

- Hatten Sie das letzte Jahr geplant? ❑ Ja ❑ nein

  Wenn ja, hatten Sie Ihre Ziele erreicht? ❑ Ja ❑ nein

  Haben Sie dieses Jahr geplant? ❑ Ja ❑ nein

  Haben Sie jeden der fünf Lebensbereiche geplant? ❑ Ja ❑ nein

- Wie planen Sie?

____

____

10-Jahres-Ziele...

	Datum	
Sein:		
Tun:		
Haben:		

16

5- bis 10-Jahres-Ziele...

	Datum	
Sein:		
Tun:		
Haben:		

2- bis 5-Jahres-Ziele

	Datum	
Sein:		
Tun:		
Haben:		

18

Der Kompass

Identität

Lebenssinn

Mission-Statement

Werte

Glaubenssätze

Jahresplan 2011

Gesundheit:

tun (muss) A	geplant (aber kein muss) B	wünschenswert (will ich nicht vergessen) C

Täglich:

Umgesetzt:

Mehrmals pro Woche:

Wöchentlich:

Monatlich:

2011:

20

Jahresplan 2011

Beziehungen:

tun (muss) A	geplant (aber kein muss) B	wünschenswert (will ich nicht vergessen) C

Täglich:

Umgesetzt:

Mehrmals pro Woche:

Wöchentlich:

Monatlich:

2011:

Jahresplan 2011

Finanzen:

tun (muss) A	geplant (aber kein muss) B	wünschenswert (will ich nicht vergessen) C

Täglich:

Umgesetzt:

Mehrmals pro Woche:

Wöchentlich:

Monatlich:

2011:

22

Jahresplan 2011

Emotionen:

tun (muss) A	geplant (aber kein muss) B	wünschenswert (will ich nicht vergessen) C

Täglich:

Mehrmals pro Woche:

Wöchentlich:

Monatlich:

2011:

Umgesetzt:

Jahresplan 2011

Lebenssinn/Job:

tun (muss) A	geplant (aber kein muss) B	wünschenswert (will ich nicht vergessen) C

Täglich:

Mehrmals pro Woche:

Wöchentlich:

Monatlich:

2011:

Umgesetzt:

24

Notizen zum Jahresplan 2011

Leitsätze

Wenn die Werte klar sind, fallen Entscheidungen leicht. Notieren Sie alle Ihre Leitsätze, die sich aus Ihren Werten ableiten (z.B.: „Wenn ich nicht kann, dann muss ich“ oder „Ich nehme mich selbst nicht zu ernst“).

Leitsätze

Lehren aus meiner Vergangenheit (2010) (Notieren Sie alles, was Sie 2010 gelernt haben)

Lehren aus meiner Vergangenheit (2010)

Lehren aus 2010 (Übertragen Sie aus Ihrem Jahresplaner, was Sie jeweils in der letzten Woche gelernt haben)

Lehren aus 2010

Meine größten Erfolge 2011

Meine größten Erfolge 2011

Die größten Erfolge meines Lebens

Die größten Erfolge meines Lebens

Juni/Juli · 26. KW

Ich – und nicht andere – bestimme über mein Leben

Montag **27**

Motto: (langfristig)

Fokus: (für eine Woche)

Identität	Lebenssinn/Mission	Werte/Rollen/Glaubenssätze	
langfristige Ziele (10 Jahre)	mittelfristige Ziele (2–5 Jahre)	kurzfristige Ziele (1 Jahr)	Prioritäten dieser Woche

Was würde ich diese Woche (heute) tun, wenn ich wüsste, dass ich damit Erfolg hätte?

Gesundheit	WIE kann ich es erreichen? (Aktivität)	WELCHES Ergebnis will ich?	WARUM will ich es? (Sinn)
	A		
	B		
Beziehungen	C		

Finanzen	Was kann ich delegieren?
Emotionen	Erfolgsjournal: Was ist mir gut gelungen – Erfolge, Anerkennung
Lebenssinn, Job, Spirituelles	Was hat mir wirklich Spaß gemacht?
	Was habe ich gelernt?

Warum…

Wichtig…

Was…

Wofür…

6

7

8

9

10

11

12

13

14

15

16

17

18

19

20

Womit…

Dienstag 28	Mittwoch 29	Donnerstag 30	Freitag 1	Samstag 2
Warum ist der heutige Tag eine Chance?				
Wichtigste Aufgabe heute:				
Was mag ich nicht so sehr?				
Wofür bin ich dankbar?				
6	6	6	6	6
7	7	7	7	7
8	8	8	8	8
9	9	9	9	9
10	10	10	10	10
11	11	11	11	11
12	12	12	12	12
13	13	13	13	13
14	14	14	14	14
15	15	15	15	15
16	16	16	16	16
17	17	17	17	
18	18	18	18	Sonntag 3
19	19	19	19	
20	20	20	20	
Aufgaben (Womit kann ich mir oder anderen eine Freude machen?)				

Verliehen/Außenstände

Zurückgeben/bezahlen

Ideen-Journal

Kernsätze

Projekte

Meine Finanzen

Firmenkonto

Nr.: ____________

BLZ: ____________

Gehalt [ ]

Privatkonto

Nr.: ____________

BLZ: ____________

Spaß-Konto — [ ] %

Nr.: ____________

BLZ: ____________

Ziele für dieses Jahr:

____

____

____

____

____

Spenden-Konto — [ ] %

Nr.: ____________

BLZ: ____________

Aufwendungen für…

____

____

____

____

____

Sparkonto — [ ] % (mind. 10 %)

Nr.: ____________

BLZ: ____________

Rückl. f. Steuer — [ ] %

Nr.: ____________

BLZ: ____________

Das Bodo-Schäfer-DVD-Komplettpaket

Es gibt tatsächlich den sicheren Weg zu Ihrer ersten Million.
Bodo Schäfer hat ihn bis 2004 auf seinen Geldseminaren gezeigt.

Es waren die erfolgreichsten in Europa – und das hatte hauptsächlich einen Grund:
Diese Seminare machten reich. Über 30.000 Briefe beweisen: Viele Tausend Menschen haben durch sie die finanzielle Freiheit erreicht.

Jetzt haben er und seine Experten noch einmal sein erfolgreichstes Finanzseminar durchgeführt und in Kinoqualität filmen lassen.

So erleben Sie die prickelnde Atmosphäre des Live-Seminars – jederzeit und bequem zu Hause.

Dieses Seminarerlebnis hat Bodo Schäfer durch brandneues umfassendes Material ergänzt. Herausgekommen ist ein Paket, das den sicheren Weg zu Wohlstand weist.

Darum verspricht Bodo Schäfer:
In diesem Paket steckt Ihre erste Million.

Weitere Informationen unter
www.millionaer7.de

Sie bekommen in Ihrem DVD-Hochglanz-Schuber:

- Haupt-DVD 1 mit Bodo Schäfer: zeigt die mentalen Grundlagen für Reichtum und führt ein in das System der sechs Schritte zu Ihrer ersten Million.
- Haupt-DVD 2 aus dem Live Seminar – Bernd Reintgen: So sparen, planen und investieren Sie für Ihre erste Million
- Haupt-DVD 3 aus dem Live Seminar – Bodo Schäfer: So verdoppeln Sie Ihr Einkommen in fünf Schritten

Dazu bekommen Sie Geschenke im Wert von 237,– €

- Bonus-DVD 1: Bernd Reintgen zeigt die entscheiden Tipps zur Geldanlage die Ihnen keine Bank verrät
- Bonus 2 – das komplette Audio-Seminar mit 4 CDs von Bodo Schäfer: „In 7 Jahren Ihre erste Million“
- Bonus 3 – Bodo Schäfers brandneues CD-Programm mit 4 CDs: „Erfolgreich denken“
- Bonus-CD: Umfassendes DVD-Seminarmaterial – Sie können vieles, was die DVDs schildern, hier in Ruhe nachlesen, vertiefen und eins zu eins umsetzen
- **Außerdem: Ihr regelmäßiger Coaching-Brief** kommt jede Woche. Alleine der Wert dieser Briefe ist höher als der Anschaffungspreis des DVD-Sets.

RSI.BOOKSHOP

Die Gesetze der Gewinner

Audio-Seminar · gesprochen von Bodo Schäfer

79 €

Bodo Schäfer hat jahrtausende alte Weisheiten und Erfolgsstrategien zusammengetragen und in die heutige Zeit übersetzt.

Sicher und in erstaunlich kurzer Zeit lernen Sie:

- Im Beruf erfolgreicher zu sein
- Ihre Träume zu leben
- Mehr Geld zu verdienen
- Echte Anerkennung zu erhalten

Erfolgs-Kompendium für Ihren Alltag

Der Bestseller „Die Gesetze der Gewinner" vermittelt Ihnen in 30 „Coaching-Einheiten" die Grundsätze für ein erfolgreiches und erfülltes Leben. Zu jeder Einheit erhalten Sie viele zusätzliche Tipps und zahlreiche praktische Übungen.

Für Ihre Umsetzung

Dem Hörbuch liegt ein Praxis-Handbuch bei, damit Sie die Übungen auch gleich in die Tat umsetzen können. So lernen und wachsen Sie ganz spielerisch. Mit Freude werden Sie feststellen, wie sich Ihr Leben, Ihre Sicht auf die Welt und Ihr ganzes Verhalten positiv ändern.

„Setzen Sie sich Ziele … dank der Gesetze der Gewinner werden Sie erreichen, was Sie sich erhoffen."

Erich Sixt,
Gründer und Vorstand Sixt AG

„Geschrieben für jedes Alter. Man braucht nicht mehr als zehn Minuten täglich und man bekommt Einsichten, die ein ganzes Leben erhalten bleiben."

Andy Köpke,
Dt. Fußball-Nationaltorwart

Bestellen Sie einfach in unserem Online-Shop
www.rsi-bookshop.de